# Dólares y centavos

Michelle Jovin, M.A.

Cada país tiene dinero.

Estas son monedas.

Esta moneda vale
1 centavo.

Esta moneda vale
5 centavos.

Esta moneda vale 10 centavos.

Esta moneda vale 25 centavos.

Estos son billetes.

## Piensa y habla

¿Qué puedes comprar con un billete de $5?

Este billete vale
1 dólar.

Este billete vale
5 dólares.

Este billete vale 10 dólares.

Este billete vale
20 dólares.

Los dólares y los centavos son el dinero del país.

# Dinero para gastar

James quiere palomitas.

Cuestan tres dólares con diez centavos.

James paga con billetes y monedas.

¡Ahora tiene palomitas!

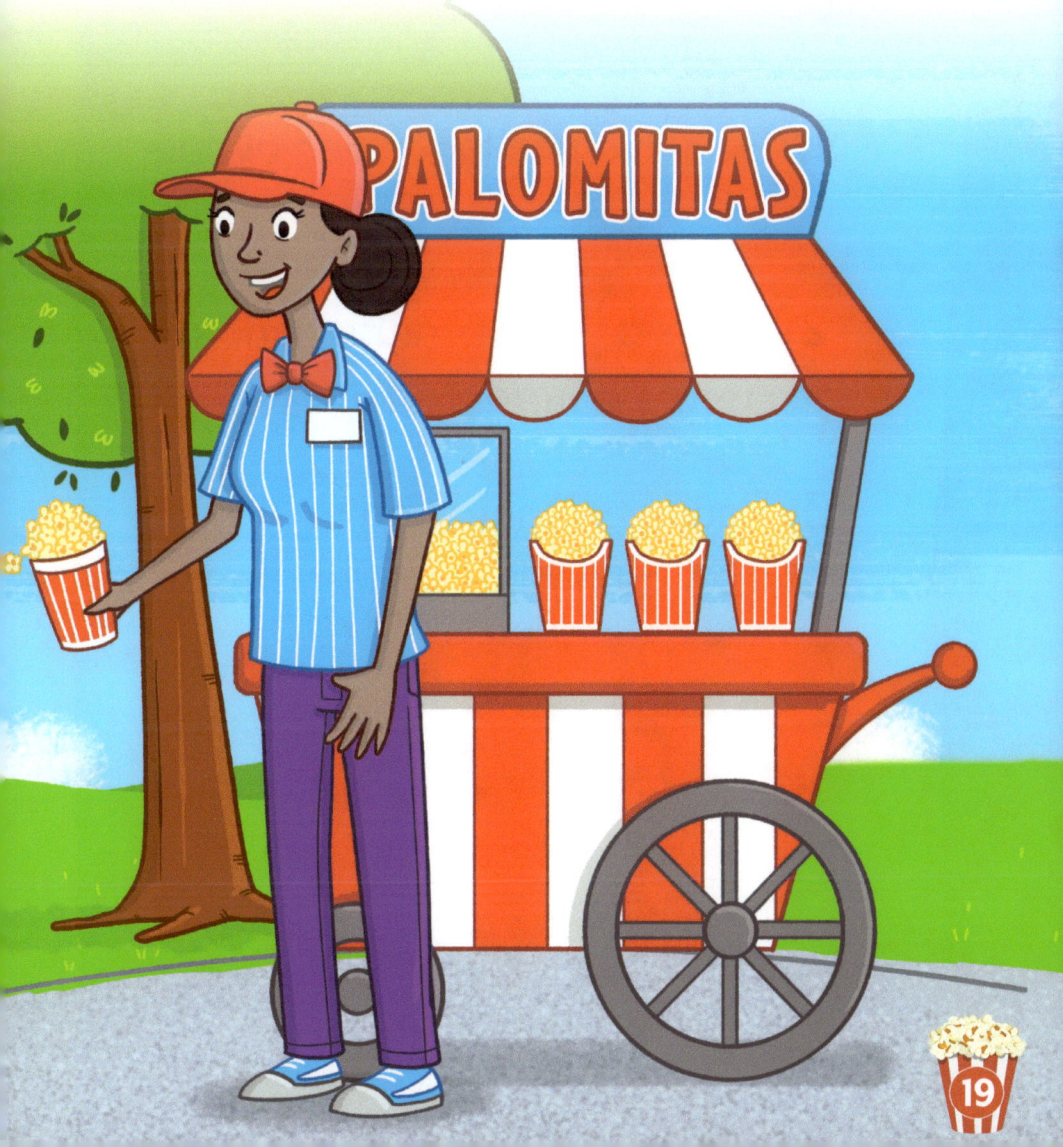

# Civismo en acción

Algunos lugares de la comunidad ayudan a los demás. Esos lugares necesitan dinero para hacer su trabajo. Tú puedes ayudarlos a conseguir dinero. Puedes ayudarlos a hacer el bien.

1. Piensa en un lugar que ayude a los demás.

2. ¿Cómo puedes reunir dinero para ese lugar?

3. Reúne el dinero con un adulto. Cuenta el dinero. Dónalo.

www.ingramcontent.com/pod-product-compliance
Lightning Source LLC
Chambersburg PA
CBHW041507010526
44118CB00001B/44